VEGAN OHNE SOJA

Leckeres mit Wow-Effekt

Autorin: Hildegard Möller | Fotos: Janne Peters

INHALT

TIPPS UND EXTRAS

6 HAPPY BREAKFAST

COVER-REZEPT

SATT UND GLÜCKLICH OHNE SOJA

Lassen Sie sich inspirieren und tauchen Sie ein in die Welt des tierfreien Genusses, die ganz ohne Soja und vegane Nachahmerprodukte wunderbar abwechslungreich sein kann.

VEGANE PRODUKTE – NICHT IMMER GESUND!

Veggie-Nuggets, Tofu-Frikassee oder Soja-Hackbällchen: In größeren Supermärkten gibt es mittlerweile eine stattliche Anzahl an Produkten für Veganer. Für alle Fleischersatzprodukte aber gilt, dass mit höherem Verarbeitungsgrad auch der Energieverbrauch bei der Herstellung steigt. Und nicht nur das: Die Nachahmung von tierischen Produkten geht teilweise mit einem größeren Einsatz von Zusatzstoffen einher, sonst wäre deren Herstellung oft gar nicht möglich oder die Verbraucher würden ihren Geschmack nicht akzeptieren. Meist gehören deshalb Verdickungsmittel, Stabilisatoren Farbstoffe und künstliche Aromastoffe dazu, wenn etwa die vegane Wurst so aussehen und schmecken soll wie das Original aus Fleisch. Oft enthalten die Produkte außerdem zu viel Fett, Zucker sowie Salz. Aufgrund ihrer starken Verarbeitung sollten Fleischimitate in der Alltagsküche daher eher eine Ausnahme bleiben.

VEGANE ZUTATEN IN HÜLLE UND FÜLLE

Auch ohne industriell gefertigte Ersatzprodukte ist die vegane Küche alles andere als langweilig und hat so viel mehr zu bieten als nur Getreidebratlinge und Gemüsepfannen. Denn mit frischen und aufregenden Zutaten in raffinierten Kombinationen lässt sich so allerhand auf den Tisch zaubern: Salate und Suppen mit einem extra Upgrade aus würzigen Toppings, super Sattmacher mit Überraschungsgarantie und sündhafte leckere Desserts mit hohem Suchtfaktor! Mit einfachen und preiswerten Zutaten wie Hülsenfrüchten, Getreide, Nüssen und Samen, Gemüse, Obst, Kräutern und Gewürzen können auch Veganer abwechslungsreich und kreativ kochen.

RAUS AUS DER SOJAFALLE

Als hochwertiger Eiweißlieferant kommt in der veganen Küche gern Soja in den unterschiedlichsten Zubereitungsformen auf den Tisch. Doch was tun, wenn man vegan lebt, aber Soja nicht gut verträgt, schlimmstenfalls allergisch darauf reagiert oder die Hülsenfrucht aus anderen Gründen ablehnt? Zunächst einmal sollten Sie folgende Produkte auf dem Speisezettel streichen: Sojabohnen, Sojakeimlinge, Tofu, Tempeh, Sojadrinks, Sojaghurt, Soja-Sahneersatz, Sojapudding, Sojaeis, Sojamehl, Sojaflocken, Sojagranulat, Sojaschnetzel, Miso, Sojasauce und Sojaöl – und natürlich alles, was damit oder daraus hergestellt wurde, z. B. Bratlinge. Aber Soja kommt nicht nur beim Kochen zum Einsatz, sondern wird als Basis für Zusatzstoffe auch in der Lebensmittelindustrie verwendet: Sojalezithin, ein aus Sojabohnen hergestellter Emulgator, befindet sich in vielen verarbeiteten Lebensmitteln und sorgt dafür, dass sich Fett und Wasser verbinden. Gut getarnt verbirgt es sich hinter dem Lebensmittelzusatz E 322 und kann gleichermaßen als Allergen wirken. Bei einer bestehenden Sojaunverträglichkeit sollten Sie deshalb mit Ihrem Arzt abklären, ob Sie auf den Emulgator Sojalezithin verzichten sollten.

VEGAN OHNE SOJA – GEHT DAS ÜBERHAUPT?

Klar geht das! Die vegane Küche bietet genügend Alternativen zu Soja, mit denen man seinen Bedarf an Eiweiß locker decken kann. Versuchen Sie es doch einmal mit Erbsen, Bohnen, Kichererbsen und Linsen. Auch Kartoffeln, Hafer, Weizen, Amarant und Quinoa sind eine sehr gute Wahl sowie Cashewkerne, Walnüsse, Haselnüsse, Mandeln, Kürbiskerne, Sonnenblumenkerne und andere Samen, die viel Eiweiß enthalten. Sie sind häufig auch gute Lieferanten für Mineralstoffe wie Kalzium und Eisen sowie für einige B-Vitamine. Während Nicht-Veganer über tierische Lebensmittel wie Milchprodukte, Eier und Fleisch in der Regel sehr gut mit diesen Nährstoffen versorgt sind, können Veganer ihren Bedarf über pflanzliche Produkte decken.

SOJAPRODUKTE CLEVER ERSETZEN

Beim Ersatz von Milch, Sahne und Joghurt gab es für Veganer lange Zeit nur Produkte auf Sojabasis als Alternative. Das hat sich geändert: Als Pendant zu Sojadrink, Soja-Sahneersatz und Sojaghurt finden Veganer in Bioläden oder in gut sortierten Supermärkten mittlerweile eine große Palette an pflanzlichen Produkten auf der Basis von Hafer, Reis, Dinkel, Kokosnuss, Nüssen oder Mandeln. Diese können wie die Sojaprodukte pur genossen oder zur Zubereitung von Saucen, Suppen, Desserts, Cremes und Drinks verwendet werden. Auch Sojamehl, das häufig als Bindemittel oder Ersatz für Eier eingesetzt wird, muss nicht sein. Dafür eignet sich zum Beispiel Stärke, Kichererbsenmehl oder in der süßen Küche auch einmal eine Banane. Fazit: Soja und daraus hergestellte Produkte müssen in der veganen Küche nicht sein!

HAPPY BREAKFAST

Für einen optimalen Start in den Tag ist ein gutes Frühstück das A und O. Früh am Morgen muss es oft fix gehen, aber es soll trotzdem lecker schmecken. Geht das? Klar, versuchen Sie einmal einen Porridge – der ist zu 100 Prozent sojafrei, gibt Power und macht rundum satt und glücklich!

APFEL-WALNUSS-BROT

Am besten schmeckt mir dieses Brot noch warm aus dem Ofen. Dazu braucht es dann höchstens noch einen Klacks Marmelade oder einen cremigen Aufstrich on top.

50 ml Reisdrink (ersatzweise Haferdrink)
3/4 Würfel Hefe (30 g)
3 TL Zucker
400 g Dinkelvollkornmehl
Salz
100 g Walnusskerne
300 g säuerliche Äpfel (z. B. Boskop)
3 EL Zitronensaft
8 getrocknete Datteln (ohne Stein)
Mehl zum Arbeiten

Nussig, knusprig, lecker

Für 1 Brot (ca. 14 Scheiben) | 40 Min. Zubereitung | 55 Min. Ruhen | 50 Min. Backen
Pro Scheibe ca. 175 kcal, 6 g EW, 5 g F, 25 g KH

1 Den Reisdrink mit 200 ml warmem Wasser in einer Schüssel verrühren. Die Hefe hineinbröckeln, Zucker dazugeben und glatt rühren. Zugedeckt 15 Min. bei Zimmertemperatur ruhen lassen. Das Mehl in eine große Schüssel sieben, 1 TL Salz untermischen. Hefemischung dazugießen und alles in ca. 5 Min. zu einem glatten, geschmeidigen Teig verkneten. Den Teig zu einer Kugel formen und zugedeckt an einem warmen Ort 25 Min. gehen lassen.

2 Inzwischen die Walnüsse grob hacken. Die Äpfel schälen, längs vierteln und entkernen. Die Apfelviertel längs halbieren und quer in Scheiben schneiden. Die Apfelscheiben mit dem Zitronensaft mischen. Die Datteln hacken und untermengen.

3 Ein Backblech mit Backpapier auslegen. Walnüsse und Apfelmischung unter den Teig kneten. Den Teig auf der leicht bemehlten Arbeitsfläche zu einem runden Laib formen und auf das Backpapier legen. Die Oberfläche rautenförmig ca. 1 cm tief einschneiden. Das Brot mit Mehl bestäuben und zugedeckt 15 Min. an einem warmen Ort gehen lassen.

4 Den Backofen auf 250° vorheizen. Eine ofenfeste Form mit ca. 200 ml Wasser auf den Backofenboden stellen. Das Brot im Ofen (Mitte) 10 Min. backen. Die Temperatur auf 200° zurückschalten und das Brot in 40 Min. fertig backen. Aus dem Ofen nehmen. Das Brot schmeckt warm oder abgekühlt.

TIPP **Das Brot bewahre ich zunächst 1 Tag im Stoffbeutel auf oder lege es alternativ auf ein Holzschneidebrett und decke es mit einem sauberen Tuch ab. Danach ist es im Keramiktopf oder im Brotkasten bestens aufgehoben.**

HERZHAFTES FRÜHSTÜCKSGRÖSTL

160 g Kichererbsenmehl (aus dem Bio- oder Asienladen) | 1 TL Kala Namak | 8 EL Hafer-Sahneersatz (ersatzweise Reis-Sahneersatz) | Salz | Pfeffer | 1 EL neutrales Öl | 1 Bund Schnittlauch

Expressfrühstück für Eilige

Für 4 Personen | 15 Min. Zubereitung
Pro Portion ca. 270 kcal, 10 g EW, 14 g F, 25 g KH

1 Das Kichererbsenmehl in einer Rührschüssel mit dem Kala Namak mischen. 480 ml kaltes Wasser und den Hafer-Sahneersatz hinzufügen und alles mit den Quirlen des Handrührgeräts glatt rühren. Mit Salz und Pfeffer würzen.

2 In einer großen Pfanne 1 EL Öl erhitzen. Die Kichererbsenmasse hineingeben und bei schwacher Hitze am Pfannenboden 15–30 Sek. stocken lassen. Mit einem Pfannenwender vom Rand zur Mitte schieben, sodass die flüssige Mischung auf den Pfannenboden gelangt. Masse kurz weiterbraten, bis sie vollständig gestockt ist.

3 Die gestockte Masse mit dem Pfannenwender in Stücke teilen. Die Stücke wenden und nach Belieben noch leicht bräunen. Das Gröstl mit Salz und Pfeffer abschmecken. Den Schnittlauch waschen, trocken schütteln und in Röllchen schneiden. Das Gröstl damit bestreuen.

TIPP

Kala Namak finden Sie im Asienladen, Reformhaus oder Bioladen. Das Salz wird aus indischen Vulkanminen gewonnen und wird auch Schwarz- oder Schwefelsalz genannt. Es hat einen eiähnlichen Geschmack und eignet sich prima zum Abschmecken veganer Speisen.

BIRNEN-CRANBERRY-PORRIDGE

2 Birnen | 1 Vanilleschote | 200 ml Apfelsaft | 4 EL Cranberrys | 600 ml Mandeldrink | 60 g feine Haferflocken | 2 EL Agavendicksaft | 10 Walnusskernhälften | einige Zitronenmelisseblätter

Streichelt den Magen

Für 4 Personen | 15 Min. Zubereitung
Pro Portion ca. 270 kcal, 4 g EW, 7 g F, 43 g KH

1 Die Birnen schälen, längs vierteln und entkernen. Die Hälfte der Birnenviertel beiseitestellen, die restlichen Viertel in kleine Stücke schneiden. Die Vanilleschote längs aufschneiden, das Mark herauskratzen und beiseitestellen.

2 Den Apfelsaft in einem Topf erhitzen. Birnenstücke, ausgekratzte Vanilleschote und Cranberrys darin bei schwacher Hitze zugedeckt 3 Min. köcheln lassen. Cranberrys sowie Birnenstücke mit einer Schaumkelle herausheben und beiseitestellen. Die Vanilleschote entfernen.

3 Den Mandeldrink zum Apfelsaft in den Topf gießen. Die Haferflocken hinzufügen und alles unter Rühren bei schwacher bis mittlerer Hitze einmal kurz aufkochen lassen. Vom Herd nehmen. Den Agavendicksaft und das Vanillemark unterrühren. Birnenstücke und Cranberrys unterheben. Den Porridge 5 Min. quellen lassen.

4 Die Walnüsse mit einem Messer grob hacken. Die beiseitegestellten Birnenviertel längs in feine Spalten schneiden. Das Birnen-Cranberry-Porridge auf Schalen verteilen und mit Birnenspalten belegen und mit Walnüssen sowie Zitronenmelisseblättern bestreuen.

QUINOA-PANCAKES

Was gibt es Schöneres als einen fluffigen Pfannkuchen mit Früchten zum Frühstück? Damit verwöhne ich auch gern einmal meine Gäste am Wochenende.

300 g TK-Beerenmischung
80 g weiße Quinoa (ersatzweise rote Quinoa)
250 ml Apfelsaft
2 EL Agavendicksaft
2 EL Speisestärke
225 g Dinkelmehl (Type 630)
2 TL Backpulver
Salz
1½ EL vegane Margarine (sojafrei)
375 ml Haferdrink
1½ TL Apfelessig
2 EL Zucker
2 Äpfel
1 TL Zimtpulver
4 EL Mandelkerne
2 EL neutrales Öl

Zum Verwöhnen

Für 8 Stück | 45 Min. Zubereitung
Pro Stück ca. 245 kcal, 6 g EW, 8 g F, 36 g KH

1 Die Beerenmischung auftauen lassen. Die Quinoakörner in einem Sieb heiß abbrausen. In einem Topf 200 ml Wasser zum Kochen bringen und unter gelegentlichem Rühren 15 Min. leicht köcheln lassen, bis das Wasser aufgesogen ist.

2 Inzwischen die Hälfte der Beeren in einem Topf mit Apfelsaft und Agavendicksaft aufkochen. Die Stärke mit 4 EL kaltem Wasser glatt rühren. Unter Rühren zur Saftmischung geben (Bild 1), kurz aufkochen und andicken lassen. Vom Herd nehmen und die restlichen Beeren untermengen. Kompott beiseitestellen.

3 Mehl in eine Schüssel sieben, mit Backpulver und 1 Prise Salz mischen. Margarine in einem Topf zerlassen. Haferdrink, Essig und Zucker in einer Schüssel mit den Quirlen des Handrührgeräts schaumig schlagen. Margarine unterrühren. Nach und nach Mehlmischung und Quinoa unterrühren (Bild 2) und alles glatt rühren. Äpfel waschen, vierteln, entkernen und mitsamt Schale auf der Küchenreibe grob raspeln. Mit dem Zimt unter den Teig rühren. Mandeln mit einem Messer grob hacken.

4 Backofen auf 50° vorheizen. Eine kleine beschichtete Pfanne erhitzen und 1 TL Öl hineingeben. 2–3 EL Teig in die Pfanne geben, zu einem kleinen Pfannkuchen (ca. 15 cm ∅) glatt streichen und ca. 2 Min. backen (Bild 3). Sobald sich auf der Oberseite die ersten Bläschen bilden, den Pancake wenden und bei mittlerer Hitze in 1–2 Min. fertig backen. Aus der Pfanne nehmen und im Ofen warm halten. Aus dem restlichen Teig und dem restlichen Öl nach und nach 7 weitere Pancakes backen. Mit Mandeln bestreuen und mit Kompott servieren.

1

2

3

HAFER-NUSS-GRANOLA MIT HEIDELBEEREN

So kernig, so lecker und so appetitlich anzusehen! Mit diesem Fitmacher aus Nüssen, Trockenfrüchten und Beeren kommen Sie locker durch den Tag.

400 g Heidelbeeren
4 EL Haselnusskerne
4 getrocknete Datteln (ohne Stein)
1 EL vegane Margarine (sojafrei)
100 g feine Haferflocken
6 EL Agavendicksaft
12 EL Mandeldrink
8 EL Mandel-Sahneersatz
4 Zweige Minze (nach Belieben)

Zum Energietanken

Für 4 Personen | 20 Min. Zubereitung
Pro Portion ca. 335 kcal, 6 g EW, 13 g F, 45 g KH

1 Die Heidelbeeren in einem Sieb kalt abbrausen und abtropfen lassen. Die Haselnusskerne mit einem Messer klein hacken. Die Datteln in kleine Stücke schneiden.

2 Eine Pfanne erhitzen. Die Margarine hineingeben und zerlassen. Haferflocken, Haselnüsse und 3 EL Agavendicksaft dazugeben und unter Rühren kurz anrösten. Vom Herd nehmen. Die Datteln untermischen. Die Flockenmischung kann in einem sterilen Twist-off-Glas bis zu 1 Woche aufbewahrt werden.

3 Für die Dekoration 4 EL Heidelbeeren beiseitestellen. Die restlichen Heidelbeeren mit dem restlichen Agavendicksaft in einen hohen Rührbecher geben und mit dem Stabmixer grob pürieren, sodass noch Stückchen erkennbar sind.

4 Zum Servieren die Flockenmischung in 4 Gläser verteilen. Je 3 EL Mandeldrink darübergießen, die pürierten Heidelbeeren darauf verteilen und zum Schluss je 2 EL Mandel-Sahneersatz daraufgeben. Mit den beiseitegestellten Heidelbeeren und nach Belieben mit Minzezweigen dekorieren.

VARIANTE

MÜSLI MIT CASHEWGHURT
Das Müsli können Sie auch sehr gut mit Cashewghurt zubereiten, der in gut 4–5 Std. fertig ist. Für 300 g Cashewghurt 20 g Cashewkerne 4 Std. in kaltem Wasser einweichen. 1 ½ EL Flohsamenschalen in einem Mixer fein mahlen. Die Cashewkerne abgießen und hinzufügen. 2 Äpfel (ca. 250 g) schälen, vierteln und entkernen. Die Apfelviertel mit 4 TL Zitronensaft, 1 EL Mandelmus und 250 ml Wasser in den Mixer geben. Alles fein und cremig pürieren.

AMARANT-MÜSLIRIEGEL

30 g geschälte Sesamsamen | 100 g Haferflocken | 50 g getrocknete Cranberrys | 100 g Agavendicksaft | 100 g Rohrohrzucker | 2 EL vegane Margarine (sojafrei) | 40 g gepuffter Amarant (aus dem Bioladen) | 2 EL Zitronensaft

Praktisch für unterwegs

Für 16 Stück | 15 Min. Zubereitung | 25 Min. Backen | 1 ½ Std. Abkühlen
Pro Stück ca. 105 kcal, 2 g EW, 3 g F, 19 g KH

1 Sesam und Haferflocken in einer Pfanne ohne Fett goldbraun rösten, herausnehmen. Cranberrys klein hacken. Agavendicksaft, Zucker sowie Margarine in einem Topf erhitzen. Mit Flockenmischung, Cranberrys, Amarant und Zitronensaft verrühren.

2 Backofen auf 160° vorheizen. Eine Auflaufform (ca. 18 × 32 cm) mit Backpapier auslegen. Flockenmischung in der Form ca. 1 ½ cm hoch verstreichen. Im Ofen (Mitte) in ca. 25 Min. goldbraun backen. In der Form 15–30 Min. abkühlen lassen, dann in 16 Riegel schneiden. Auf einem Kuchengitter in ca. 1 Std. vollständig abkühlen lassen.

HIRSEBOWL MIT BANANENSTICK

200 g Hirse | 700 ml Mandeldrink | 1 ½ TL Zimtpulver | 2 EL Agavendicksaft | 2 Äpfel | 70 g getrocknete Aprikosen | 2 EL Mandelkerne | je 200 g weiße und blaue Weintrauben | 2 Bananen | 4 EL Chiasamen | 4 kleine Holzspieße

Gibt Power!

Für 4 Personen | 35 Min. Zubereitung
Pro Portion ca. 545 kcal, 12 g EW, 12 g F, 94 g KH

1 Hirse in einem Sieb heiß abbrausen und abtropfen lassen. Mit dem Mandeldrink in einem Topf aufkochen. Zimt und Dicksaft unterrühren. Zugedeckt bei schwacher Hitze 20 Min. köcheln lassen. Inzwischen Äpfel schälen, vierteln, entkernen und grob raspeln. Aprikosen fein hacken. Beides unter die Hirse rühren. Hirse vom Herd nehmen und auf vier Schalen verteilen. Mandeln hacken, Trauben waschen und beides auf der Hirse verteilen.

2 Bananen schälen und in 2 cm dicke Scheiben schneiden. Auf Spieße stecken und in Chiasamen wenden. Bowls mit je 1 Bananenstick anrichten und mit übrigen Chiasamen bestreuen.

LIFT ME UP

½ Salatgurke | 1 Mango | 1 Banane | 1 Birne | 1 Stück Ingwer (2 cm lang) | 2 EL Chiasamen | 80 g Rucola | ½ Bund Zitronenmelisse

Prima Starter-Smoothie

Für 4 Gläser à 200 ml | 15 Min. Zubereitung
Pro Portion ca. 105 kcal, 3 g EW, 2 g F, 19 g KH

1 Die Gurke waschen und in Stücke schneiden. Die Mango schälen, das Fruchtfleisch in Scheiben vom Stein schneiden. Die Banane schälen und in Stücke schneiden. Die Birne waschen, vierteln und entkernen. Den Ingwer schälen und grob zerkleinern. Alles mit 2 EL Chiasamen in den Mixer füllen.

2 Den Rucola sowie die Zitronenmelisse waschen und trocken schütteln, grobe Stiele jeweils entfernen. Beides zur Obstmischung in den Mixer geben und alles auf höchster Stufe cremig pürieren.

3 Je nach gewünschter Konsistenz des Smoothies noch bis zu 200 ml kaltes Wasser hinzufügen und alles nochmals kurz durchmixen. Den Smoothie auf die vier Gläser verteilen.

SUNNY MORNING

150 g Wassermelonenfruchtfleisch | 4 Ananasscheiben (ohne Schale und Strunk) | 1 Orange | 1 Banane | 1 Bio-Limette | ½ Bund Minze | 4 TL Goji-Beeren

Feel-Good-Drink

Für 4 Gläser à 200 ml | 15 Min. Zubereitung
Pro Portion ca. 110 kcal, 2 g EW, 0 g F, 23 g KH

1 Melone und Ananas in grobe Stücke schneiden. Orange sowie Banane schälen und ebenfalls in Stücke schneiden. Die Limette heiß waschen und trocken reiben. 1 TL Schale abreiben, die restliche Schale entfernen. Das Limettenfruchtfleisch in grobe Stücke schneiden. Die Minze waschen und trocken schütteln.

2 Melone, Ananas, Orange, Banane, abgeriebene Limettenschale und Limettenfruchtfleisch, Minze mitsamt Stielen sowie Goji-Beeren in den Mixer geben. Alles auf höchster Stufe cremig pürieren. Je nach gewünschter Konsistenz noch etwas kaltes Wasser hinzufügen und nochmals mixen. Den Smoothie auf die vier Gläser verteilen.

VORNEWEG UND ZWISCHENDURCH

Ob zum Snacken für den kleinen Hunger zwischendurch oder als Beitrag fürs Partybüfett – hier finden Sie das passende Rezept! Salate oder Sandwiches können Sie prima einpacken und mit ins Büro oder zum Picknick im Freien mitnehmen.

BRATKARTOFFELSALAT MIT BUCHWEIZENPOPS

Das Topping aus knusprig geröstetem Buchweizen ist für mich das i-Tüpfelchen und gibt dem Salat einen extra Würzekick. Warm schmeckt er übrigens am besten.

1 kg festkochende Kartoffeln
Salz
1 Fenchelknolle (ca. 250 g)
1 rote Zwiebel
4 EL Weißweinessig
50 ml Gemüsebrühe
1 TL Agavendicksaft
8 EL Olivenöl
Pfeffer
2 Frühlingszwiebeln
2 EL Buchweizen
1 EL braune Senfkörner

Clever aufgepeppt

Für 4 Personen | 1 Std. Zubereitung | 25 Min. Kochen
Pro Portion ca. 370 kcal, 6 g EW, 21 g F, 37 g KH

1 Die Kartoffeln waschen und in Salzwasser in ca. 25 Min. weich kochen. Abgießen, ausdampfen lassen und noch heiß pellen. Dann die Kartoffeln vollständig abkühlen lassen.

2 Inzwischen den Fenchel putzen, waschen und in sehr feine Streifen schneiden oder hobeln. Die Zwiebel schälen, halbieren und ebenfalls in feine Streifen schneiden. Die Fenchel- mit den Zwiebelstreifen vermischen.

3 Für die Vinaigrette den Essig mit der Brühe und dem Agavendicksaft verrühren. 5 EL Öl mit dem Schneebesen unterrühren. Die Vinaigrette mit Salz und Pfeffer abschmecken.

4 Die Kartoffeln in ca. ½ cm dicke Scheiben schneiden. Die Frühlingszwiebeln putzen, waschen und ohne den Wurzelansatz in feine Ringe schneiden. 2 EL Öl auf zwei große beschichtete Pfannen verteilen, erhitzen und die Kartoffeln darin unter Wenden in ca. 10 Min. goldbraun und knusprig braten. Mit Salz und Pfeffer würzen und in eine Schüssel geben.

5 Das restliche Öl in einer Pfanne erhitzen und die Fenchelmischung darin ½ –1 Min. anbraten. Die Fenchelmischung aus der Pfanne nehmen und unter die Kartoffeln mengen. Die Vinaigrette vorsichtig unterheben. Noch einmal mit Salz und Pfeffer abschmecken. Die Frühlingszwiebeln darüber verteilen.

6 Den Buchweizen mit den Senfkörnern in einer Pfanne ohne Fett ca. 20 Sek. anrösten, bis die Körner zu springen beginnen. Den Salat auf Teller verteilen und mit der Buchweizenmischung bestreuen. Der Salat schmeckt warm oder kalt.

ASIA-WALDORFSALAT MIT KOKOSDRESSING

1 Bio-Limette | 200 g Kokosmilch (aus der Dose) | 4 EL Agavendicksaft | 100 ml Apfelsaft | 2 EL weißes Mandelmus (aus dem Bioladen) | 80 g Walnusskerne | 700 g Knollensellerie | 600 g rotschalige Äpfel | 2 EL Zitronensaft | 1 Stück Ingwer (ca. 3 cm lang) | Salz | Pfeffer

Klassiker mal anders

Für 4 Personen | 35 Min. Zubereitung
Pro Portion ca. 450 kcal, 8 g EW, 28 g F, 38 g KH

1 Für das Kokosdressing die Limette heiß waschen und trocken reiben. 2 TL Schale abreiben, die Limette halbieren und den Saft auspressen. Kokosmilch mit Limettenschale und -saft, Agavendicksaft, Apfelsaft und Mandelmus verrühren.

2 Die Walnüsse grob hacken, in einer Pfanne ohne Fett rösten und herausnehmen. Den Sellerie schälen und auf der Küchenreibe grob raspeln. Die Äpfel waschen, vierteln und entkernen. Die Viertel mitsamt Schale ebenfalls grob raspeln und sofort mit Zitronensaft beträufeln.

3 Den Ingwer schälen und fein reiben. Sellerie- und Apfelraspel mit Walnüssen und Ingwer mischen. Das Kokosdressing unterrühren und den Salat mit Salz und Pfeffer abschmecken.

TIPP

Als Dekoration passt frisches Koriandergrün auf den Salat. Dafür 1 kleines Bund Koriandergrün waschen und trocken schütteln. Die Blätter abzupfen, grob hacken und kurz vor dem Servieren über den Salat streuen.

GRILLPAPRIKA-SANDWICH

1 Dose Kichererbsen (240 g Abtropfgewicht) | 4 EL vegane Mayonnaise (sojafrei; aus dem Bioladen) | 1 EL grobkörniger Senf | 4 EL Weißweinessig | Salz | Pfeffer | Cayennepfeffer | 4 Stängel glatte Petersilie | 1 rote Zwiebel | 2 rote Paprikaschoten | 2 EL Olivenöl | 4 große Salatblätter | 4 Baguettebrötchen

Zum Reinbeißen gut

Für 4 Personen | 25 Min. Zubereitung
Pro Portion ca. 320 kcal, 8 g EW, 15 g F, 37 g KH

1 Die Kichererbsen in ein Sieb abgießen und abtropfen lassen. In einer Schüssel mit einer Gabel zerdrücken oder mit dem Stabmixer grob pürieren, sodass noch Stückchen erkennbar sind. Mayonnaise, Senf und 1 EL Essig verrühren. Mit den Kichererbsen mischen. Mit Salz, Pfeffer und 1 Prise Cayennepfeffer würzen und mit bis zu 1 EL Essig abschmecken. Die Petersilie waschen und trocken schütteln. Die Blätter abzupfen, hacken und unter die Kichererbsenmasse rühren.

2 Die Zwiebel schälen, halbieren und in feine Streifen schneiden. Die Paprikaschoten vierteln, entkernen, waschen und trocken tupfen. Das Öl in einer (Grill-)Pfanne erhitzen und die Paprikaviertel darin auf jeder Seite 4–5 Min. zugedeckt braun braten, dabei zwischendurch mit dem Pfannenwender flach drücken. Mit Salz sowie Pfeffer würzen und mit 2 EL Essig ablöschen. Vom Herd nehmen und zugedeckt 5 Min. ziehen lassen.

3 Die Salatblätter waschen und trocken schütteln. Die Baguettebrötchen waagerecht halbieren. Die Brötchenunterhälften mit Salatblättern, Paprika und Zwiebeln belegen. Die Kichererbsencreme darauf verteilen und mit den Oberhälften bedecken.

QUINOA-TACOS MIT MANGO-GUACAMOLE

Fiesta total! Allein der tolle Mix verspricht Genuss pur! Diese brandneue Tex-Mex-Version für den Liebling der Latino-Küche ist leicht, kernig und bunt.

Für die Tacos:
200 g weiße Quinoa
Salz
8 Taco-Schalen (Fertigprodukt; à 10–15 g)
1 Granatapfel
200 g Sonnenblumenkerne
1 EL Olivenöl
1 TL gemahlener Kreuzkümmel
Für die Guacamole:
2 weiche Avocados
1 reife Mango
1 rote Zwiebel
1 Limette
Salz

Quinoa in Schale geworfen

Für 4 Personen | 45 Min. Zubereitung
Pro Portion ca. 930 kcal, 23 g EW, 62 g F, 68 g KH

1 Für die Tacos die Quinoakörner in einem Sieb heiß abbrausen. In einem Topf 500 ml Wasser mit 1 TL Salz zum Kochen bringen. Die Quinoakörner hinzufügen und zugedeckt unter gelegentlichem Umrühren 15 Min. leicht köcheln lassen, bis sie das Wasser ganz aufgenommen haben.

2 Inzwischen für die Guacamole die Avocados halbieren und entsteinen. Das Fruchtfleisch aus den Schalen herauslösen. Die Mango schälen, das Fruchtfleisch vom Stein schneiden. Avocado- und Mangofruchtfleisch zunächst grob würfeln und dann mit der Gabel zerdrücken, es sollten noch Stückchen erkennbar sein. Die Zwiebel schälen und fein hacken. Die Limette halbieren, den Saft auspressen. Die Hälfte der Zwiebel für die Taco-Füllung beiseitestellen. Restliche Zwiebel und Limettensaft unter die Avocado-Mango-Mischung rühren. Mit Salz abschmecken.

3 Die Taco-Schalen auf ein Backblech legen und nach Packungsangabe im vorgeheizten Backofen erwärmen. Den Granatapfel halbieren, die Kerne herauslösen und beiseitestellen. Die Sonnenblumenkerne im Mixer grob hacken und in einer Pfanne ohne Fett hellbraun rösten. Öl, beiseitegestellte Zwiebel und Quinoa hinzufügen und alles bei mittlerer Hitze ½ –1 Min. unter Rühren anbraten. Mit dem Kreuzkümmel würzen und mit Salz abschmecken. Die Taco-Schalen mit der Quinoamischung und dann mit der Mango-Guacamole füllen. Mit Granatapfelkernen bestreuen.

TIPP **Die Guacamole wird noch saftiger und frischer, wenn Sie zusätzlich ½ in kleine Würfel geschnittene Salatgurke sowie 1 EL gehacktes Koriandergrün untermischen.**

KARTOFFEL-SMASH MIT BROKKOLI-AIOLI

800 g mehligkochende Kartoffeln | 500 g Brokkoli | Salz | 2 Knoblauchzehen | 1 EL grobkörniger Senf | 4 EL vegane Mayonnaise (sojafrei; aus dem Bioladen) | Pfeffer | 4 EL Olivenöl | grobes Meersalz | 3 Zweige Rosmarin

Für den Tapas-Abend

Für 4 Personen | 30 Min. Zubereitung | 30 Min. Backen
Pro Portion ca. 295 kcal, 6 g EW, 18 g F, 27 g KH

1 Die Kartoffeln waschen und in Wasser je nach Größe in 20–25 Min. weich kochen. Inzwischen den Brokkoli putzen, waschen, in Röschen teilen und in kochendem Salzwasser in ca. 10 Min. bissfest blanchieren. In ein Sieb abgießen, kalt abschrecken und abtropfen lassen. Den Knoblauch schälen und grob hacken. Brokkoli, Knoblauch, Senf und Mayonnaise in einen Rührbecher geben und mit dem Stabmixer fein pürieren. Die Aioli mit Salz und Pfeffer abschmecken.

2 Den Backofen auf 220° vorheizen. Ein Backblech mit Backpapier auslegen. Die Kartoffeln abgießen, ausdampfen lassen und ungepellt mit einer Pfanne flach drücken, sodass sie nur noch halb so dick sind. Das Öl in eine Schüssel geben. Die Kartoffeln darin wenden, sodass sie gleichmäßig von einer dünnen Schicht Öl umhüllt sind. Auf das Backpapier legen und mit 1 ½ TL grobem Meersalz bestreuen. Im Ofen (Mitte) ca. 20 Min. backen.

3 Inzwischen den Rosmarin waschen und trocken schütteln. Die Zweige in 3–4 cm große Stücke schneiden und auf die Kartoffeln legen. Die Kartoffeln in weiteren 10 Min. knusprig backen. Herausnehmen und zusammen mit der Brokkoli-Aioli auf Tellern anrichten oder diese dazu reichen.

ROTKOHL-TABOULEH

300 ml Gemüsebrühe | 200 g Couscous | 400 g Rotkohl | 1 Birne | 1 rote Zwiebel | 1 Bund Minze | 2 EL Weißweinessig | 1 EL Agavendicksaft | 3 EL Olivenöl | 50 g getrocknete Cranberrys | je 3 EL Zitronen- und Orangensaft | Salz | Pfeffer | 40 g Mandelkerne

Knackig-frisch

Für 4 Personen | 35 Min. Zubereitung
Pro Portion ca. 400 kcal, 10 g EW, 13 g F, 58 g KH

1 Die Brühe aufkochen. Den Couscous in einer Schüssel damit übergießen und ca. 5 Min. quellen lassen. Den Rotkohl putzen, waschen und auf der Küchenreibe fein raspeln. Die Birne schälen, vierteln und entkernen. Die Viertel quer in dünne Scheiben schneiden. Die Zwiebel schälen und klein würfeln. Die Minze waschen und trocken schütteln, die Blätter abzupfen und fein hacken. Rotkohl, Birnenscheiben und gehackte Minze mit dem Couscous in der Schüssel mischen.

2 Für das Dressing den Essig mit dem Agavendicksaft verrühren. Zuerst das Öl, dann Cranberrys, Zitronensaft und Orangensaft unterrühren. Mit Salz und Pfeffer abschmecken. Das Dressing unter die Coscousmischung geben. Die Mandeln hacken, in einer Pfanne ohne Fett goldbraun rösten und über das Rotkohl-Tabouleh streuen.

TIPP

Dazu passt sehr gut Orangen-Cashewghurt. Dafür 1 Knoblauchzehe schälen und fein würfeln. 250 g Cashewghurt (Rezept siehe Variante S. 14) mit 1 EL abgeriebener Bio-Orangenschale, 2 EL frisch gepresstem Orangensaft und dem Knoblauch verrühren. Mit Salz und Pfeffer abschmecken.

ZUCCHINISTICKS MIT APFEL-MINZE-RAITA

Für diesen köstlichen Snack übernimmt der Ofen die meiste Arbeit. Und für die Raita mit dem intensiven Minzegeschmack sind die Zutaten fix zusammengerührt.

Für die Raita:
1 Dose Kokosmilch (400 g)
2 EL Mandelmus
1 Bio-Limette
1 säuerlicher Apfel (z. B. Boskop)
7 Zweige Minze
Salz | Pfeffer

Für die Zucchinisticks:
100 g Cashewkerne
2 EL Hefeflocken (aus dem Bioladen)
Salz
1 TL Currypulver
50 g Kichererbsenmehl (aus dem Bio- oder Asienladen)
2 Zucchini (ca. 500 g)

Knuspriger Ofenhit

Für 4 Personen | 45 Min. Zubereitung | 8 Std. Kühlen
Pro Portion ca. 405 kcal, 14 g EW, 27 g F, 26 g KH

1 Für die Raita die Kokosmilch 8 Std. in den Kühlschrank stellen, damit sich Fett an der Oberfläche absetzt. Das feste Kokosfett bis zur klaren Flüssigkeit abschöpfen und in eine Rührschüssel geben (Bild 1). Das Mandelmus unterrühren. Die Limette heiß waschen und trocken reiben, 2 TL Schale abreiben und den Saft auspressen. Den Apfel schälen, vierteln und entkernen. Die Viertel raspeln, mit ca. 1 EL Limettensaft beträufeln und unter die Kokosfettmischung rühren. Restlichen Limettensaft und -schale unterrühren. Die Minze waschen und trocken schütteln. Blätter abzupfen, hacken und unter die Creme rühren. Raita mit Salz und Pfeffer abschmecken.

2 Für die Sticks die Cashewkerne mit den Hefeflocken sowie 1 TL Salz im Mixer fein mahlen und mit dem Currypulver in einer Schüssel mischen. Das Kichererbsenmehl in einer Schüssel mit 100 ml Wasser glatt rühren und ca. 15 Min. quellen lassen. Inzwischen die Zucchini putzen, waschen, in ca. 5 × 2 cm große Stifte schneiden (Bild 2) und mit 1 TL Salz bestreuen. Den Backofen auf 200° vorheizen. Ein Backblech mit Backpapier auslegen.

3 Die Zucchinisticks zuerst im Kichererbsenteig, dann in der Cashewmischung wenden, bis sie gleichmäßig überzogen sind (Bild 3). Auf das Backpapier legen und im Ofen (Mitte) in ca. 15 Min. goldbraun backen. Sofort mit der Raita servieren.

TIPP **Bei vielen Kokosmilchsorten setzt sich das Fett auch ohne Kühlung an der Oberfläche ab. Werfen Sie also zunächst einen Blick in die Dose – ist das bei Ihrer Sorte der Fall, können Sie auf das Kühlen verzichten.**

1

2

3

SCHMORAPFEL-ZWIEBEL-SUPPE

800 g Gemüsezwiebeln | 4 EL vegane Margarine (sojafrei) | 200 ml Apfelsaft | 800 ml Gemüsebrühe | 2 Lorbeerblätter | Salz | Pfeffer | 2 Scheiben Toastbrot | 2 rotschalige Äpfel | 3 Zweige Thymian | 2 TL Puderzucker

Ein perfektes Duo

Für 4 Personen | 50 Min. Zubereitung | 15 Min. Kochen
Pro Portion ca. 225 kcal, 3 g EW, 9 g F, 29 g KH

1 Die Zwiebeln schälen und in feine Halbringe schneiden. In einem Topf 2 EL Margarine erhitzen und die Zwiebeln darin bei mittlerer Hitze in ca. 15 Min. goldgelb dünsten. Apfelsaft und Gemüsebrühe angießen. Die Lorbeerblätter hinzufügen. Zugedeckt bei mittlerer Hitze ca. 15 Min. köcheln lassen. Lorbeerblätter entfernen. 2 Schöpfkellen Suppe (mit Einlage) in einem Rührbecher mit dem Stabmixer fein pürieren und danach wieder zurück in den Topf geben. Die Suppe mit Salz sowie Pfeffer abschmecken und warm halten.

2 Das Toastbrot in 1 cm große Würfel schneiden und in einer Pfanne ohne Fett goldgelb rösten, dann aus der Pfanne nehmen und beiseitestellen. Die Äpfel waschen, vierteln, entkernen und in dünne Spalten schneiden. Die restliche Margarine in einer Pfanne erhitzen und die Apfelspalten darin bei mittlerer Hitze in ca. 5 Min. goldgelb braten.

3 Den Thymian waschen und trocken schütteln. Die Blättchen abstreifen und zu den Apfelspalten geben. Alles mit Puderzucker bestäuben und leicht karamellisieren lassen. Mit Salz und Pfeffer würzen. Die Suppe auf Schalen verteilen. Apfelspalten und Brotwürfel daraufgeben.

KARTOFFELSUPPE MIT KNUSPERMANDELN

2 Zwiebeln | 1 Knoblauchzehe | 400 g mehligkochende Kartoffeln | 4 EL Olivenöl | 700 ml Gemüsebrühe | 1 Bio-Orange | 4 Stängel Petersilie | 1 EL Koriandersamen | 4 EL Mandelkerne | Salz | Pfeffer | 200 ml Reis-Sahneersatz

Knusprig-cremig

Für 4 Personen | 30 Min. Zubereitung
Pro Portion ca. 285 kcal, 5 g EW, 20 g F, 19 g KH

1 Die Zwiebeln sowie den Knoblauch schälen und klein würfeln. Die Kartoffeln schälen und in große Würfel schneiden. In einem Topf 2 EL Öl erhitzen und Zwiebeln sowie Knoblauch darin hellbraun braten. Die Kartoffeln sowie die Brühe dazugeben und alles zugedeckt ca. 20 Min. köcheln lassen.

2 Inzwischen die Orange heiß waschen und trocken reiben. 2 EL Schale abreiben, die Orange halbieren und 4 EL Saft auspressen. Die Petersilie waschen und trocken schütteln, die Blätter abzupfen und hacken. Die Koriandersamen in einem Mörser grob zerstoßen. Die Mandeln grob hacken.

3 Die Koriandersamen und die Mandeln in einer Pfanne ohne Fett rösten, bis sie fein duften. Mit dem ausgepressten Orangensaft ablöschen. Das restliche Öl dazugeben. Orangenschale und Petersilie unterrühren. Die Mischung mit Salz und Pfeffer abschmecken.

4 Die Kartoffelmischung im Topf mit dem Stabmixer fein pürieren. Den Reis-Sahneersatz unterrühren. Die Suppe mit Salz und Pfeffer abschmecken, auf Schalen verteilen und mit den Knuspermandeln garniert servieren.

SUPER SATTMACHER

Heißhunger auf sojafreie Veggie-Küche, die rundherum satt macht und dabei ganz einfach nachzukochen ist? Neben den ultimativen Dauerbrennern »Pasta mit Ofentomaten-Sugo« und »Bohnen-Pattys mit Espresso-BBQ-Sauce« gibt es noch viele andere köstliche Überraschungen zu entdecken.

SÜSSKARTOFFELSPIESSE MIT COUSCOUS

Überhaupt nicht spießig: Mit den passenden Gewürzen hat diese Kombination ordentlich »Speed« und funktioniert geschmacklich sowie optisch bestens.

900 g Süßkartoffeln
6 Zwiebeln
2 TL gemahlener Kreuzkümmel
4 TL edelsüßes Paprikapulver
Salz | Pfeffer
7 EL Olivenöl
450 ml Gemüsebrühe
300 g Couscous
400 g Kirschtomaten
1 EL Tomatenmark
4 Zweige Minze
4 große oder 8 kleine Holzspieße

Super-Kombi

Für 4 Personen |
55 Min. Zubereitung
Pro Portion ca. 605 kcal,
16 g EW, 19 g F, 90 g KH

1 Backofen auf 200° vorheizen. Ein Backblech mit Backpapier auslegen. Süßkartoffeln schälen, waschen und ca. 3 cm groß würfeln. Zwiebeln schälen. 4 Zwiebeln in Viertel schneiden und abwechselnd mit den Kartoffeln auf Spieße stecken. Kreuzkümmel, Paprikapulver, 2 TL Salz, 1 TL Pfeffer und 6 EL Öl mischen. Spieße damit einpinseln und auf das Backpapier legen. Im Ofen (Mitte) ca. 20 Min. backen. Wenden und in 20 Min. fertig backen.

2 Inzwischen die Brühe in einem Topf aufkochen. Couscous in einer Schüssel damit übergießen und 10 Min. quellen lassen. Tomaten waschen und halbieren. Restliche Zwiebeln halbieren und in feine Streifen schneiden. Restliches Öl in einer Pfanne erhitzen und die Zwiebelstreifen darin kurz anbraten. Tomatenmark unterrühren, Tomatenhälften untermengen. Salzen, pfeffern und zugedeckt ca. 5 Min. bei mittlerer Hitze schmoren. Vom Herd nehmen.

3 Couscous mit einer Gabel auflockern und unter die Tomatenmischung rühren. Minze waschen und trocken schütteln. Blätter abzupfen, hacken und unter den Couscous rühren. Mit Salz und Pfeffer abschmecken. Spieße mit Couscous auf Tellern anrichten.

TIPP **Dazu passt grüner Hummus. Dafür 240 g Kichererbsen (aus der Dose) abtropfen lassen. 1 Bund Petersilie waschen, trocken schütteln und hacken. 2 Knoblauchzehen schälen und hacken. Petersilie, Knoblauch, 4 EL Olivenöl, Kichererbsen, 4 EL Zitronensaft, 2 EL Weißweinessig, 4 EL Tahin (Sesammus) und 8 EL Wasser mit dem Stabmixer fein pürieren. Mit Salz und ½ TL Cayennepfeffer würzen.**

PAPRIKAQUICHE MIT AMARANTKRUSTE

Dieses Rezept beweist eindrucksvoll, dass eine feine Quiche wunderbar ohne Ei und Sahne auskommt! Da werden auch Nicht-Veganer mehr als einmal zugreifen ...

Für den Teig:
250 g Dinkelmehl (Type 630)
150 g kalte, vegane Margarine (sojafrei)
Salz
Für Guss und Belag:
1 kleine Dose weiße Bohnen (240 g Abtropfgewicht)
300 ml Hafer-Sahneersatz
2 EL Kichererbsenmehl (aus dem Bio- oder Asienladen)
2 EL Hefeflocken
Salz | Pfeffer
2 Zwiebeln
3 rote Paprikaschoten
1 EL Olivenöl
1 Bund Thymian
100 g schwarze Oliven
4 EL Amarant
Außerdem:
vegane Margarine (sojafrei) für die Form
Mehl zum Arbeiten

Highlight für Gäste

Für 8 Stücke | 45 Min. Zubereitung | 50 Min. Backen
Pro Portion ca. 440 kcal, 10 g EW, 27 g F, 38 g KH

1 Für den Teig Mehl, Margarine in Flöckchen, 60 ml kaltes Wasser und 1 TL Salz in einer Schüssel glatt verkneten. Den Teig zugedeckt 30 Min. im Kühlschrank ruhen lassen.

2 Für den Guss die Bohnen in ein Sieb abgießen und kurz abtropfen lassen. Mit Sahneersatz, Kichererbsenmehl und Hefeflocken in einen hohen Rührbecher geben und mit dem Stabmixer fein pürieren. Mit Salz und Pfeffer abschmecken.

3 Für den Belag die Zwiebeln schälen und fein würfeln. Die Paprikaschoten längs halbieren, entkernen, waschen und in feine Streifen schneiden. Das Öl in einer Pfanne erhitzen und die Zwiebeln darin hellgelb andünsten. Paprikas ca. 5 Min. unter Rühren mitdünsten. Den Thymian waschen und trocken schütteln, die Blättchen abstreifen. Die Hälfte der Thymianblättchen unter die Paprikamischung rühren. Mit Salz und Pfeffer abschmecken.

4 Den Backofen auf 200° vorheizen. Eine Quicheform (26 cm ∅) einfetten. Den Teig auf einer bemehlten Arbeitsfläche etwas größer als die Form ausrollen und diese damit auslegen, dabei einen 2 cm hohen Rand bilden. Im Ofen (Mitte) ca. 10 Min. vorbacken. Paprika-Zwiebel-Mischung auf dem Teigboden verteilen und den Guss darübergießen. Die Quiche 35 Min. weiterbacken.

5 Inzwischen die Oliven entsteinen und fein hacken. Den Amarant in einer Pfanne ohne Fett rösten, bis die Körner zu springen beginnen. Mit den Oliven und dem restlichen Thymian mischen. Mit Pfeffer abschmecken. Den Amarant-Oliven-Mix auf der Tarte verteilen und diese in weiteren 5 Min. goldbraun fertig backen. Vor dem Anschneiden kurz abkühlen lassen.

ZUCCHINI-AVOCADO-PASTA

Für die Pasta mit null Nudeln brauchen Sie einen Spiralschneider – denn nur damit gelingen die gleichmäßig feinen Gemüsestreifen, die an Spaghetti erinnern.

4 Zucchini (ca. 1 kg)
3 Avocados
200 ml Reis-Sahneersatz
250 g Kirschtomaten
3 EL Olivenöl
1 EL Puderzucker
Salz | Pfeffer
2 kleine Knoblauchzehen
4 EL Zitronensaft
1 Bund Petersilie

Grünes Nudelglück

Für 4 Personen |
25 Min. Zubereitung
Pro Portion ca. 565 kcal,
8 g EW, 52 g F, 15 g KH

1 Die Zucchini waschen, putzen und mit dem Spiralschneider in spaghettiähnliche Streifen schneiden (Bild 1). Die Avocados halbieren und entsteinen. Das Fruchtfleisch mit einem Löffel aus der Schale herauslösen und mit dem Reis-Sahneersatz in einen hohen Rührbecher geben (Bild 2). Mit dem Stabmixer pürieren. Die Avocadosahne beiseitestellen.

2 Die Tomaten waschen und trocken tupfen. 1 EL Öl in einer Pfanne erhitzen. Die Tomaten hineingeben, mit Puderzucker bestreuen und bei großer Hitze karamellisieren und aufplatzen lassen (Bild 3). Mit Salz sowie Pfeffer würzen und warm halten.

3 Den Knoblauch schälen und fein würfeln. Das restliche Öl in einer großen Pfanne erhitzen und den Knoblauch darin hellgelb andünsten. Die Zucchinispaghetti hinzufügen und bei mittlerer Hitze ca. 5 Min. unter Rühren mitdünsten. Die Avocadosahne unterrühren. Alles bei schwacher bis mittlerer Hitze unter Rühren 2–4 Min. weiterdünsten. Mit Salz, Pfeffer und Zitronensaft abschmecken. Die Tomaten unterrühren.

4 Die Petersilie waschen und trocken schütteln. Die Blätter abzupfen, hacken und unter die Zucchini-Avocado-Pasta rühren. Die Pasta auf Teller verteilen.

TIPP **Dazu passt ein Cashewtopping. Dafür 50 g Cashewkerne in einer Pfanne ohne Fett rösten. Mit 1 TL Salz und 2 EL Hefeflocken im Mixer fein mahlen und 2 TL Chiliflocken unterrühren.**

1

2

3

BOHNEN-PATTYS MIT ESPRESSO-BBQ-SAUCE

Wenn mich der Heißhunger auf etwas richtig Herzhaftes packt, kommen die pikanten Pattys aus roten Bohnen mit der scharfen Sauce aus Kaffee und Tomaten gerade recht.

Für die Sauce:
200 ml Ananassaft
Salz
100 ml Espresso
2 EL Agavendicksaft
1 EL Harissa (arabische Würzpaste; aus dem Asienladen)
250 ml Tomatenketchup

Für die Pattys:
1 große Dose Kidneybohnen (440 g Abtropfgewicht)
1 Zwiebel
2 Knoblauchzehen
2 EL Olivenöl
4 EL feine Haferflocken
2 EL mittelscharfer Senf
Salz | Pfeffer

Burgertauglich

Für 8–10 Pattys | 1 Std. Zubereitung
Pro Portion ca. 130 kcal, 4 g EW, 3 g F, 21 g KH

1 Für die Sauce den Ananassaft mit 1 TL Salz in einem Topf bei mittlerer Hitze ca. 10 Min. offen einkochen lassen. Den Espresso und den Agavendicksaft unterrühren und alles ca. 15 Min. weiterköcheln lassen, bis die Flüssigkeit eine sirupähnliche Konsistenz hat. Harissa und Tomatenketchup unterrühren. Vom Herd nehmen und abkühlen lassen.

2 Für die Pattys die Kidneybohnen in ein Sieb abgießen, kalt abbrausen und abtropfen lassen. Zwiebel sowie Knoblauch schälen und fein würfeln. 1 EL Öl in einer Pfanne erhitzen und Zwiebeln mit Knoblauch darin hellgelb andünsten. Mit Bohnen, Haferflocken und Senf in einen hohen Rührbecher geben. Alles mit dem Stabmixer grob pürieren, es sollten noch Stückchen erkennbar sein. Die Masse mit Salz und Pfeffer abschmecken.

3 Aus der Bohnenmasse 8–10 Pattys (à ca. 10 cm Ø) formen. Restliches Öl in einer großen beschichteten Pfanne erhitzen und die Pattys darin auf beiden Seiten je 3–5 Min. bei mittlerer Hitze braten. Aus der Pfanne nehmen und mit der Sauce auf Tellern anrichten. Dazu passen Ofenkartoffeln.

TIPP

Für die Ofenkartoffeln den Backofen auf 220° vorheizen. 1 kg vorwiegend festkochende Kartoffeln waschen und mit Schale in ca. ½ cm dicke Scheiben schneiden. In einer Schüssel mit 3 EL Öl, 2 TL rosenscharfem Paprikapulver und ½ TL Cayennepfeffer mischen. Mit Salz und Pfeffer würzen. Kartoffelscheiben nebeneinander auf einem mit Backpapier ausgelegten Backblech verteilen. Im Ofen (Mitte) ca. 15 Min. backen. Wenden und in 10 Min. goldbraun backen.

RÖST-BLUMENKOHL MIT STEINPILZÖL

Ein tolles Upgrade für die zarten weißen Röschen: Würzige Brösel aus Zitrone und Petersilie, verfeinert mit aromatischem Steinpilzöl – mehr Geschmack geht nicht!

1 Blumenkohl (ca. 1,8 kg)
600 g Kartoffeln
80 g vegane Semmelbrösel
170 g vegane Margarine (sojafrei)
1 Bio-Zitrone
1 Bund Petersilie
Salz | Pfeffer
6 EL Olivenöl
Kräutersalz
200 ml Reis-Sahneersatz
30 g getrocknete Steinpilze

Die Würze macht's

Für 4 Personen | 55 Min. Zubereitung
Pro Portion ca. 720 kcal, 15 g EW, 55 g F, 43 g KH

1 Den Backofen auf 200° vorheizen. Den Blumenkohl von den äußeren Blättern befreien und waschen. Den Strunk etwas kürzen, aber nicht herausschneiden – er hält die Röschen zusammen. Mittig vom oberen Kopfende bis zum unteren Strunk vier ca. 1 cm dicke Scheiben herausschneiden. Den übrigen Blumenkohl, der nicht mehr am Strunk sitzt, in kleine Röschen teilen. Die Kartoffeln schälen, waschen und mit einem Gemüsehobel in sehr feine Scheiben schneiden.

2 Ein Backblech mit Backpapier auslegen. Blumenkohlscheiben und -röschen gleichmäßig darauf verteilen. Die Semmelbrösel und 120 g Margarine mithilfe einer Gabel zu einer gleichmäßigen Masse verarbeiten. Die Zitrone heiß waschen und trocken reiben, die Schale abreiben und 2 EL Saft auspressen. Die Petersilie waschen und trocken schütteln, die Blätter abzupfen und hacken.

3 Die gehackte Petersilie mit abgeriebener Zitronenschale und Zitronensaft unter die Semmelbröselmasse rühren. Mit Salz und Pfeffer würzen und auf den Blumenkohl streichen. Den Blumenkohl im Ofen (Mitte) ca. 20 Min. backen.

4 Inzwischen 2 EL Öl in einer Pfanne erhitzen. Die Kartoffelscheiben darin unter Wenden leicht braun braten. Mit 1 TL Kräutersalz würzen. Den Sahneersatz angießen. Alles zugedeckt ca. 15 Min. bei schwacher Hitze garen, dabei zwischendurch wenden.

5 Die Steinpilze im Mixer fein mahlen. Die restliche Margarine mit dem restlichen Öl in einem Topf erhitzen. Steinpilzpulver einrühren und die Mischung kurz aufschäumen lassen. Den Blumenkohl mit Steinpilzöl beträufeln und mit den Kartoffeln anrichten.

WRAPS MIT LINSEN UND KOHL

Die gerollten Fladen mit dem grünen Erbsenpüree sind für sich schon der Knaller. Absolut unschlagbar finde ich sie in der Kombination mit schwarzen Beluga-Linsen und Kohl.

600 g TK-Erbsen
150 g schwarze Linsen (Beluga-Linsen)
Salz
1 EL Garam Masala (aus dem Asienladen)
je 200 g Rot- und Weißkohl
1 EL abgeriebene Bio-Zitronenschale
2 EL Zitronensaft
4 EL Olivenöl
1 EL Tahin (Sesammus)
1 EL Agavendicksaft
60 ml Apfelsaft
Pfeffer
8 Zweige Minze
4 große Tortilla-Wraps (Fertigprodukt)
8 EL vegane Mayonnaise (sojafrei)

Unverschämt lecker

Für 4 Personen | 50 Min. Zubereitung | 25 Min. Kochen
Pro Portion ca. 600 kcal, 25 g EW, 19 g F, 78 g KH

1 Die Erbsen in einem Sieb auftauen lassen. Den Backofen auf 70° vorheizen. Die Linsen in einem Topf in 400 ml Wasser zugedeckt in ca. 20 Min. weich kochen. ½ TL Salz dazugeben und 5 Min. weiterkochen. Linsen in ein Sieb abgießen, abschrecken und abtropfen lassen. In einer Schüssel mit Garam Masala mischen und im Ofen warm halten.

2 Vom Rot- und Weißkohl jeweils die äußeren Blätter entfernen. Den Kohl waschen und in sehr dünne Streifen hobeln oder schneiden, dabei jeweils den Strunk entfernen. Kohlstreifen in einer Schüssel mit 1 TL Salz bestreuen und 3–4 Min. mit den Händen kräftig durchkneten. Die Zitronenschale und den -saft mit Öl, Tahin, Agavendicksaft und Apfelsaft verrühren. Die Sauce mit dem Kohl vermischen. Den Salat mit Salz und Pfeffer abschmecken.

3 Die Erbsen mit 200 ml Wasser in einen Topf geben und zugedeckt ca. 3 Min. kochen. Dann im Garwasser mit dem Stabmixer fein pürieren. Mit Salz und Pfeffer würzen. Die Minze waschen und trocken schütteln. Die Blätter abzupfen, hacken und unter das Erbsenpüree mischen. Das Püree warm halten. Die Tortilla-Wraps nach Packungsangabe auf einem Backblech im vorgeheizten Backofen erwärmen.

4 Zum Servieren die Fladen mit dem Erbsenpüree bestreichen. Die Linsen darauf verteilen, mit Mayonnaise bestreichen und mit dem Kohlsalat belegen. Dabei rundum 1–2 cm Rand frei lassen. Die Ränder der Fladen jeweils seitlich und unten über der Füllung einschlagen, dann die Fladen von einer Seite beginnend aufrollen. Nach Belieben die geschlossene, untere Hälfte in Butterbrotpapier einwickeln, um die Wraps besser halten zu können.

ROTE-BETE-GEWÜRZREIS MIT OFENKOHLRABI

Für den hellen Basmatireis habe ich mal ganz neue Begleiter ausgewählt, die wunderbar zusammenpassen und richtig viel Farbe auf den Teller bringen.

40 g gesalzene Pistazienkerne
1 Bio-Zitrone
2 EL vegane Margarine
10 EL Olivenöl
Salz | Pfeffer
600 g Kohlrabi
2 Zwiebeln
2 EL Garam Masala (aus dem Asienladen)
250 g Basmatireis
250 g Babyspinat
300 g vorgegarte Rote Bete (vakuumverpackt)

Bunt aufgetischt

Für 4 Personen | 45 Min. Zubereitung
Pro Portion ca. 560 kcal, 12 g EW, 31 g F, 58 g KH

1 Die Pistazien schälen und hacken. Die Zitrone heiß waschen und trocken reiben. Die Schale abreiben und den Saft auspressen. 1 EL Saft beiseitestellen, den restlichen Zitronensaft mit der Zitronenschale, Margarine und 4 EL Öl in einen kleinen Topf geben. Mit Salz sowie Pfeffer würzen und beiseitestellen.

2 Für die Ofenkohlrabi den Backofen auf 200° vorheizen. Die Kohlrabi schälen, in 1 cm dicke Scheiben schneiden und auf ein mit Backpapier ausgelegtes Backblech legen. Die Scheiben mit 4 EL Öl einpinseln. Mit Salz und Pfeffer würzen. Im heißen Ofen (Mitte) ca. 20 Min. backen. Wenden und weitere 5 Min. backen, bis die Scheiben gebräunt sind.

3 Die Zwiebeln schälen und fein würfeln. In einem Topf 1 EL Öl erhitzen und die Zwiebeln ca. 3 Min. glasig dünsten. Mit 1 EL Garam Masala bestäuben. Reis unterrühren und kurz andünsten. Ca. 500 ml Wasser und ½ TL Salz dazugeben. Aufkochen und zugedeckt 15–20 Min. bei schwacher Hitze köcheln lassen.

4 Den Spinat waschen und abtropfen lassen. Die Roten Beten ca. 1 cm groß würfeln. Das restliche Öl in einer Pfanne erhitzen. Die Roten Beten darin ca. 2 Min. bei mittlerer Hitze unter Rühren anbraten. Mit dem beiseitegestellten Zitronensaft und dem restlichen Garam Masala vermischen. Den Spinat unterheben und zusammenfallen lassen. Den Reis unterheben und alles mit Salz und Pfeffer abschmecken.

5 Die Pistazienbutter langsam erwärmen und aufschäumen lassen. Die Kohlrabi auf Teller verteilen und mit Pistazienbutter beträufeln. Den Gewürzreis neben den Kohlrabischeiben anrichten.

PASTA MIT OFENTOMATEN-SUGO

1 Fenchelknolle (ca. 200 g) | 400 g gelbe Kirschtomaten | 6 Zweige Thymian | 5 EL Olivenöl | Salz | 500 g Fleischtomaten | 100 g getrocknete Tomaten (in Öl eingelegt) | 1 Zwiebel | 2 Knoblauchzehen | 7 EL Aceto balsamico | 400 g Nudeln (aus Hartweizengrieß, z. B. Spaghetti) | Pfeffer

Für das perfekte Sommer-Feeling

Für 4 Personen | 50 Min. Zubereitung
Pro Portion ca. 660 kcal, 14 g EW, 27 g F, 86 g KH

1 Den Backofen auf 200° vorheizen. Den Fenchel putzen, waschen, halbieren und in feine Streifen schneiden. Die Kirschtomaten sowie den Thymian waschen und zusammen mit dem Fenchel in eine ofenfeste Form geben. Alles mit 4 EL Olivenöl beträufeln sowie mit 1 TL Salz bestreuen und gut vermischen. Ca. 40 Min. im Ofen (Mitte) rösten.

2 Inzwischen die Fleischtomaten waschen, achteln und entkernen, dabei die Stielansätze entfernen. Getrocknete Tomaten abtropfen lassen und in Streifen schneiden, dabei das Öl auffangen. Zwiebel sowie Knoblauch schälen und klein würfeln. In einer Pfanne 1 EL Öl erhitzen und Zwiebel, Knoblauch sowie Tomatenstreifen darin ca. 5 Min. anbraten. Essig, 2–3 EL Tomatenöl und die Tomatenachtel hinzufügen. Zugedeckt 10 Min. dünsten. Währenddessen die Nudeln in reichlich Salzwasser nach Packungsangabe kochen.

3 Das Gemüse aus dem Ofen zur Tomatenmischung geben und 2 Min. mitköcheln lassen. Mit Salz und Pfeffer abschmecken und nach Belieben 1 Schöpfkelle Nudelkochwasser unterrühren. Die Nudeln in ein Sieb abgießen und mit dem Sugo auf Tellern anrichten. Dazu schmeckt als Topping Pangrattato (siehe Umschlag hinten).

BUCHWEIZEN-»RISOTTO« MIT CRANBERRYS

500 g gemischte Pilze (z. B. Shiitake, Champignons, Austernpilze) | 2 rote Zwiebeln | 2 Knoblauchzehen | 200 g Pastinaken | 3 EL vegane Margarine (sojafrei) | 30 g getrocknete Cranberrys | 280 g Buchweizen | 150 ml Weißwein | 3 Zweige Thymian | 900 ml Gemüsebrühe | Salz | Pfeffer | 3 Stiele Petersilie

Konkurrenz für Italiens Liebling

Für 4 Personen | 45 Min. Zubereitung
Pro Portion ca. 405 kcal, 11 g EW, 8g F, 64 g KH

1 Die Pilze putzen, bei Bedarf mit einem Tuch abreiben, vierteln und zugedeckt beiseitestellen. Die Zwiebeln sowie die Knoblauchzehen schälen und klein würfeln. Die Pastinaken schälen und in ca. 1 cm große Würfel schneiden. In einem Topf 2 EL Margarine erhitzen. Zwiebeln, Knoblauch, Pastinaken und Cranberrys kurz darin andünsten.

2 Den Buchweizen einstreuen und unter Rühren kurz mitbraten. Den Weißwein dazugießen und einkochen lassen. Die Thymianzweige waschen und zur Buchweizenmischung geben. Alles in ca. 20 Min. unter Rühren garen, bis der Buchweizen weich ist, dabei nach und nach die Gemüsebrühe angießen. Den Topf von der Herdplatte nehmen. Die Thymianzweige entfernen.

3 Die restliche Margarine in einer Pfanne erhitzen und die Pilze darin ca. 5 Min. braten. Mit Salz und Pfeffer würzen und unter die Buchweizenmischung rühren. Mit Salz und Pfeffer abschmecken. Buchweizen-»Risotto« auf Teller verteilen.Die Petersilie waschen und trocken schütteln. Die Blätter abzupfen, hacken und auf den »Risotto« streuen.

AUBERGINEN-CANNELLONI

Mal ganz ehrlich: Pasta aus dem Ofen macht doch wirklich glücklich. Und mit zitroniger Sauce und herzhafter Füllung sind diese Cannelloni eine feine Abwechslung.

2 Zwiebeln
2 Knoblauchzehen
400 g Aubergine
6 EL vegane Margarine (sojafrei)
400 g passierte Tomaten (mit italienischen Kräutern, aus der Dose)
100 ml Gemüsebrühe
Salz | Pfeffer
6 EL Mehl
1 l Reisdrink
½ Bund Minze
2 EL abgeriebene Bio-Zitronenschale
20 Cannelloniröhren (ohne Vorkochen)
2 EL vegane Semmelbrösel

Don't worry, eat happy

Für 4 Personen | 45 Min. Zubereitung | 30 Min. Backen
Pro Portion ca. 500 kcal, 11 g EW, 16 g F, 80 g KH

1 Für die Füllung die Zwiebeln und den Knoblauch schälen und klein würfeln. Die Aubergine putzen, waschen und in ca. ½ cm große Würfel schneiden. In einer Pfanne 2 EL Margarine erhitzen und Zwiebeln sowie Knoblauch darin hellgelb andünsten. Die Auberginenwürfel dazugeben und bei mittlerer Hitze unter häufigem Wenden ca. 5 Min. bräunen. Die Tomaten und die Gemüsebrühe unterrühren und alles zugedeckt weitere 10 Min. köcheln lassen. Mit Salz und Pfeffer abschmecken.

2 Für die Béchamelsauce 2 EL Margarine in einem Topf zerlassen. Das Mehl darüberstäuben und unter Rühren bei mittlerer Hitze kurz anschwitzen. Den Reisdrink nach und nach unterrühren (Bild 1) und die Sauce bei schwacher Hitze offen ca. 5 Min. köcheln lassen. Die Minze waschen und trocken schütteln. Die Blätter abzupfen, hacken und mit der Zitronenschale unter die Sauce rühren. Mit Salz und Pfeffer würzen.

3 Den Backofen auf 190° vorheizen. Die Auberginenmasse mithilfe eines Teelöffels oder Spritzbeutels (ohne Tülle) in die Cannelloniröhren füllen (Bild 2). Die Cannelloni nebeneinander in eine große Auflaufform (ca. 35 × 25 cm) oder vier kleine Formen (ca. 23 x 15) legen. Die Béchamelsauce gleichmäßig darüber verteilen. Die restliche Margarine in Flöckchen und die Semmelbrösel darauf verteilen (Bild 3). Die Cannelloni mit Alufolie abdecken und im Ofen (Mitte) 15 Min. backen. Dann die Alufolie entfernen und die Cannelloni in ca. 15 Min. goldgelb fertig backen.

TIPP **Für die Béchamel nehme ich immer wieder auch gerne andere Kräuter: Versuchen Sie statt Minze z. B. frischen Thymian oder frisches Basilikum.**

1

2

3

SÜSSE SCHMUCKSTÜCKE

Auch beim süßen Finale fällt es nicht schwer, auf tierische Produkte und Soja zu verzichten – denn zarte Cremes oder luftiges Gebäck können ganz problemlos auch mit alternativen Pflanzendrinks und Co. gezaubert werden und sorgen bei großen und kleinen Essern für rundum zufriedene Gesichter am Tisch.

SCHOKO-PANCAKES

200 g Dinkelmehl (Type 630) | 3 EL Kakaopulver | 1 gestrichener EL Backpulver | 7 EL Zucker | 400 ml Mandeldrink | 1 Banane | 175 g vegane weiße Schokolade (sojafrei) | 150 ml Mandel-Sahneersatz | 50 g vegane Margarine (sojafrei) | 4 TL neutrales Öl

Vorsicht: Suchtgefahr!

Für 4 Personen | 40 Min. Zubereitung
Pro Portion ca. 395 kcal, 5 g EW, 19 g F, 51 g KH

1 Für die Pancakes Mehl, Kakaopulver, Backpulver und 4 EL Zucker mischen. Mandeldrink unterrühren. Die Banane schälen, dazugeben und alles mit dem Stabmixer glatt pürieren.

2 Für die Sauce die Schokolade klein hacken. Den Mandel-Sahneersatz mit der Margarine und dem restlichen Zucker in einem Topf unter Rühren erhitzen. Die Herdplatte ausschalten. Die Schokolade nach und nach in kleinen Portionen dazugeben und jeweils unter Rühren schmelzen. Die Masse abkühlen lassen.

3 Den Backofen auf 50° vorheizen. Aus dem Teig portionsweise 12 Pancakes (à 8 cm ∅) backen. Dafür je 1 TL Öl in einer großen beschichteten Pfanne erhitzen und je 3 Pancakes backen. Pro Pancake 2–3 EL Teig in die Pfanne geben, glatt streichen und bei mittlerer Hitze 2–3 Min. backen, bis die Unterseite goldbraun ist. Pancakes wenden und auf der zweiten Seite in 1–2 Min. backen. Fertige Pancakes auf einem Teller aufeinanderschichten und im Ofen warm halten.

4 Zum Servieren je 3 Pancakes auf einem Teller anrichten und mit der Schokoladensauce beträufeln. Dazu passen frische Erdbeeren.

BROWNIES

80 g vegane Zartbitterschokolade (sojafrei) | 180 g Mehl | 200 g Zucker | 50 g Kakaopulver | 1 Pck. Vanillezucker | ½ TL Zimtpulver | 1 TL Backpulver | 100 ml Haferdrink | 100 ml Agavendicksaft | 100 ml Rapsöl | 100 ml Apfelsaft

Oberschokoladig und lecker

Für 1 Auflaufform (12 Stücke) | 20 Min. Zubereitung | 40 Min. Backen
Pro Stück ca. 280 kcal, 3 g EW, 12 g F, 38 g KH

1 Den Backofen auf 180° vorheizen. Eine Auflaufform (ca. 36 × 23 cm) mit Backpapier auslegen. Die Schokolade mit einem Messer klein hacken. Mehl, Zucker, Kakao, Vanillezucker, Zimt und Backpulver in einer Schüssel mischen. Haferdrink, Agavendicksaft, Öl und Apfelsaft verquirlen. Zur Mehlmischung gießen und alles mit den Quirlen des Handrührgeräts auf höchster Stufe 2 Min. verrühren. Die Schokolade unterheben.

2 Den Teig in die Form füllen, glatt streichen und im Ofen (Mitte) ca. 40 Min. backen. Aus dem Ofen nehmen und abkühlen lassen. Zum Servieren in kleine Rechtecke schneiden.

TIPP

Dazu passt Orangensauce. Für die Sauce 1 Vanilleschote längs aufschneiden und das Mark herauskratzen. 250ml Hafer-Sahneersatz, 125 ml Haferdrink, 40 g Zucker, Schale (am Stück) von ½ Bio-Orange, Vanilleschote und -mark aufkochen. 2 gestrichene EL Speisestärke mit 4 EL Orangensaft glatt rühren, in die Sauce geben und diese bei schwacher Hitze unter Rühren 1 Min. köcheln lassen. Vanilleschote und Orangenschale entfernen.

SCHWARZWÄLDER KIRSCHTÖRTCHEN IM GLAS

Zum Löffeln und Genießen: Warum den altbekannten Klassiker mit Schokoraspeln, Kirschen und Sahne nicht einmal vegan und im neuen Gewand servieren?

90 g vegane Kekse (sojafrei; z. B. Hafer-Dinkel-Kekse)
45 g vegane Zartbitterschokolade (sojafrei)
45 g vegane Margarine (sojafrei)
1 Glas Schattenmorellen (ca. 360 g Abtropfgewicht; ohne Steine)
1 EL Speisestärke
1 EL Zucker
200 g Reis-Sahneersatz (aufschlagbar)
30 g Puderzucker
4 EL gepuffter Buchweizen (aus dem Bioladen)
2 EL vegane Schokoladenraspel (sojafrei)

Kuchenglück vom Feinsten

Für 4 Personen | 45 Min. Zubereitung | 1 Std. Abkühlen lassen
Pro Portion ca. 415 kcal, 4 g EW, 24 g F, 45 g KH

1 Für den Boden die Kekse in einen Gefrierbeutel geben und mit dem Nudelholz sehr fein zerbröseln. Die Schokolade mit einem Messer grob hacken und unter Rühren in einer Schüssel über dem heißen Wasserbad schmelzen. Die Margarine in einem Topf bei mittlerer Hitze zerlassen und mit den Keksbröseln mischen. Die Schokolade mit der Keks-Margarine-Mischung vermengen.

2 Die Keksmischung gleichmäßig in vier Gläser (à ca. 250 ml Inhalt) verteilen und jeweils mit den Fingern am Glasboden flach drücken. Die Gläser anschließend ca. 45 Min. in den Kühlschrank stellen, bis der Keksboden fest ist.

3 Inzwischen für die Füllung die Kirschen in ein Sieb abgießen, dabei 200 ml Saft auffangen. Die Speisestärke mit 1 EL kaltem Wasser anrühren. Saft, Zucker und Stärkemischung in einem Topf verrühren. Die Mischung einmal kurz aufkochen lassen. Die Kirschen untermischen und die Masse vollständig abkühlen lassen.

4 Den Sahneersatz mit dem Puderzucker steif schlagen und in einen Spritzbeutel mit Sterntülle füllen. Die Hälfte der Kirschmasse auf der Keksmasse in den Gläsern verteilen. Die Hälfte der Sahne auf die Kirschen spritzen (alternativ mit einem Löffel jeweils einen Klecks daraufsetzen). Die restliche Kirschmasse darauf verteilen. Mit übriger Sahne, gepufftem Buchweizen und Schokoraspeln garnieren.

TIPP

Auf den Törtchen machen sich sehr gut selbst gemachte Schokoladenspäne. Dafür von einer Tafel gut gekühlter veganer Schokolade mit einem Sparspäler Späne abziehen.

MANDEL-PANNACOTTA MIT PFLAUMEN

1 Vanilleschote | 350 ml Mandeldrink | 400 ml Mandel-Sahneersatz | 10 EL Zucker | 1 ½ TL Agar-Agar | 300 g Pflaumen | ½ TL Zimtpulver | 80 ml Apfelsaft | 20 Wacholderbeeren (aus dem Gewürzregal) | 1 EL Mandelkerne

Zart, cremig, crunchy

Für 4 Personen | 50 Min. Zubereitung | 2 Std. Kühlen
Pro Portion ca. 340 kcal, 3 g EW, 11 g F, 54 g KH

1 Die Vanilleschote längs aufschneiden und das Mark herauskratzen. Mandeldrink und Sahneersatz, 5 EL Zucker, Vanilleschote und -mark in einem Topf aufkochen. Bei schwacher Hitze ca. 20 Min. ziehen lassen. Vanilleschote entfernen. Das Agar-Agar mit 6 EL Wasser verrühren und unter die Mandelmischung rühren. Kurz aufkochen und ca. 2 Min. köcheln lassen. Die Masse in vier Förmchen (à ca. 250 ml Inhalt) verteilen und abkühlen lassen. Im Kühlschrank 2 Std. fest werden lassen.

2 Inzwischen die Pflaumen waschen, halbieren, entsteinen und in Spalten schneiden. Mit Zimt, Apfelsaft und 1 EL Zucker in einem Topf aufkochen und 4–5 Min. köcheln lassen. Vom Herd nehmen und abkühlen lassen.

3 Einen Bogen Backpapier bereitlegen. Wacholderbeeren und Mandeln hacken. Restlichen Zucker in einer Pfanne bei schwacher bis mittlerer Hitze hell karamellisieren. Wacholder und Mandeln unterrühren. Masse sofort auf das Backpapier gießen. Einen zweiten Bogen Backpapier darauflegen und die Masse mit dem Nudelholz flach rollen. Oberes Papier abziehen. Pannacottas auf Teller stürzen und das Kompott daneben verteilen. Krokant in Stücke brechen und daraufgeben.

HIMBEER-CRUMBLE-SCHNITTEN MIT NÜSSEN

150 g vegane Margarine (sojafrei) | 225 g Mehl | 100 g Zucker | 1 Pck. Vanillezucker | Salz | 75 g Haselnusskerne | 225 g TK-Himbeeren | ca. 1 EL Puderzucker

Fürs Kaffeekränzchen

Für 4 Personen | 35 Min. Zubereitung | 30 Min. Backen | 15 Min. Abkühlen lassen
Pro Portion ca. 710 kcal, 9 g EW, 43 g F, 75 g KH

1 Die Margarine in einem Topf bei mittlerer Hitze zerlassen. Mehl, Zucker, Vanillezucker und 1 Prise Salz in einer Schüssel mischen. Die heiße Margarine mit den Knethaken des Handrührgeräts unterkneten, sodass grobe Streusel entstehen. Ein Backblech mit Backpapier auslegen.

2 Ein Drittel des Streuselteigs abnehmen und beiseitestellen. Den restlichen Streuselteig in vier gleich große Portionen teilen. Jede Portion auf dem Backpapier mit den Fingern zu einem Boden von ca. 10 × 10 cm mit einem ½ cm hohen Rand formen. Den Backofen auf 175° vorheizen.

3 Die Haselnusskerne im Mixer fein hacken, 3 EL davon auf den Streuselböden verteilen. Die gefrorenen Himbeeren daraufgeben. Die restlichen Nüsse mit dem beiseitegestellten Streuselteig vermischen. Die Streuselmasse in groben Bröseln auf den Himbeeren verteilen. Im Ofen (Mitte) in ca. 30 Min. goldbraun backen.

4 Die Himbeer-Crumble-Schnitten aus dem Ofen nehmen und 15 Min. abkühlen lassen. Zum Servieren jeweils dünn mit Puderzucker bestäuben und am besten noch warm genießen. Die Schnitten schmecken aber auch kalt.

REGISTER

Damit Sie Rezepte mit bestimmten Zutaten noch schneller finden, sind in diesem Register auch beliebte Zutaten wie **Apfel** oder **Zucchini** alphabetisch eingeordnet und hervorgehoben. Darunter finden Sie das Rezept Ihrer Wahl.

Projektleitung: Marline Ernzer
Lektorat: Karin Kerber
Korrektorat: Petra Bachmann
Innen- und Umschlaggestaltung: independent Medien-Design, Horst Moser, München
Herstellung: Mendy Jost
Satz: Kösel, Krugzell
Reproduktion: Repro Ludwig, Zell am See
Druck und Bindung: Firmengruppe APPL, aprinta druck, Wemding
Syndication: www.seasons.agency
Printed in Germany

2. Auflage 2018
ISBN 978-3-8338-5564-1

GRÄFE UND UNZER

Ein Unternehmen der
GANSKE VERLAGSGRUPPE

Die Autorin

Hildegard Möller war nach ihrem Studium Inhaberin und Küchenchefin zweier Gastronomiebetriebe in Münster. In dieser Zeit standen vor allem vegetarische und vegane Gerichte auf ihrem Küchenzettel. Seit einigen Jahren übt die Ökotrophologin ihr kreatives Handwerk als Autorin und Food-Journalistin für verschiedene Verlage und Zeitungen aus.

Die Fotografin

Janne Peters liebt die Vielfältigkeit ihres Berufes und arbeitet ebenso gern als Interieur- wie auch als Foodfotografin. Sie ist immer mit Begeisterung dabei und hat mit der erfahrenen Foodstylistin **Petra Speckmann** und der Assistentin **Maischa Souaga** die Rezepte in diesem Buch gekonnt in Szene gesetzt.

Bildnachweis

Titelfoto: Silvio Knezevic, München; Autorenfoto: Patricia Lomölder; alle anderen Fotos: Janne Peters, Hamburg

Titelrezept

Zucchini-Avocado-Pasta (S. 38)

Umwelthinweis:
Dieses Buch ist auf PEFC-zertifiziertem Papier aus nachhaltiger Waldwirtschaft gedruckt.

QUALITÄTS G|U GARANTIE

Liebe Leserin, lieber Leser,

haben wir Ihre Erwartungen erfüllt? Sind Sie mit diesem Buch zufrieden? Haben Sie weitere Fragen zu diesem Thema? Wir freuen uns auf Ihre Rückmeldung, auf Lob, Kritik und Anregungen, damit wir für Sie immer besser werden können.

GRÄFE UND UNZER Verlag
Leserservice
Postfach 86 03 13
81630 München
E-Mail:
leserservice@graefe-und-unzer.de

Telefon: 00800 / 72 37 33 33*
Telefax: 00800 / 50 12 05 44*
Mo–Do: 9.00 – 17.00 Uhr
Fr: 9.00 – 16.00 Uhr
(gebührenfrei in D, A, CH)*

Ihr GRÄFE UND UNZER Verlag
Der erste Ratgeberverlag – seit 1722.

Backofenhinweis:
Die Backzeiten können je nach Herd variieren. Die Temperaturangaben in unseren Rezepten beziehen sich auf das Backen im Elektroherd mit Ober- und Unterhitze und können bei Gasherden oder Backen mit Umluft abweichen. Details entnehmen Sie bitte Ihrer Gebrauchsanweisung.

www.facebook.com/gu.verlag

Appetit auf mehr?

ISBN 978-3-8338-3963-4

ISBN 978-3-8338-4468-3

ISBN 978-3-8338-5020-2

Laden im
App Store

ISBN 978-3-8338-4039-5

ISBN 978-3-8338-4308-2

Alle hier vorgestellten Bücher
sind auch als eBook erhältlich.

G|U

Willkommen im Leben.

Mehr von GU auf **www.gu.de** und
facebook.com/gu.verlag

HERZHAFTE DIPS

Wurst und Käse können gleich wieder einpacken, wenn Sie Ihre »Deftigen« zum Dippen oder als Brotaufstrich auf den Tisch stellen – zu hundert Prozent sojafrei und vegan!

RADIESCHEN-GUACAMOLE

Für 4 Personen: 2 Knoblauchzehen schälen, grob hacken. 1 getrocknete rote Chilischote hacken. Beides mit 4 Pfefferkörnern im Mörser zerstoßen. 1 rote Zwiebel schälen und hacken. 6 Radieschen putzen und waschen. 4 Radieschen fein würfeln, 2 in Scheiben schneiden. ½ Bund Koriandergrün waschen, trocken schütteln und hacken. Fruchtfleisch von 2 Avocados mit der Gabel zerdrücken. Saft von 1 Limette unterrühren. Gemörserte Zutaten, Zwiebeln, Radieschenwürfel und Koriander unterrühren. Salzen und pfeffern. Mit Radieschenscheiben verzieren. Zugedeckt und gekühlt ca. 1 Tag haltbar. Passt zu Kartoffeln und auf Brot.

PASTINAKEN-ZWIEBEL-SCHMALZ

Für 4 Personen: 1 Zwiebel schälen und klein würfeln. 1 Apfel schälen, vierteln, entkernen und raspeln. 100 g Pastinake schälen und raspeln. Zwiebeln in einer Pfanne in 3 EL neutralem Öl hell andünsten. Apfel und Pastinake 1–2 Min. mitdünsten. ½ Bund Thymian waschen und trocken schütteln. Blättchen abstreifen und zur Apfelmischung geben. 2 TL Zucker daraufstreuen und leicht karamellisieren lassen. Salzen und pfeffern. 100 g Bio-Kokosfett im heißen Wasserbad schmelzen und unterrühren. Abkühlen und im Kühlschrank fest werden lassen. Zugedeckt und gekühlt mind. 1 Woche haltbar. Passt auf Vollkorn- und Schwarzbrot.

MÖHREN-SESAM-CREME

Für 4 Personen: 400 g Möhren putzen, schälen, in Scheiben schneiden. 1 Zwiebel, 1 Knoblauchzehe und 3 cm Ingwer schälen und hacken. 2 EL Olivenöl in einem Topf erhitzen. Zwiebel, Knoblauch, Ingwer, Möhren, je 1 TL gemahlenen Kreuzkümmel, Koriander, Kurkumapulver und ½ TL Zimtpulver dazugeben. 2 Min. andünsten. 250 ml Apfelsaft und 1 EL Zitronensaft dazugießen. Zugedeckt bei schwacher Hitze ca. 15 Min. köcheln. Mit dem Stabmixer pürieren. 2 EL Sesamsamen in einer Pfanne ohne Fett rösten und zusammen mit 2 EL Rosinen unterrühren. Salzen und pfeffern. Zugedeckt und gekühlt 5 Tage haltbar. Passt zu Weißbrot.